Começar de Novo

Um guia prático e objetivo para aqueles
que desejam recomeçar

Pr. Renato Vargens

Começar de Novo

Um guia prático e objetivo para aqueles que desejam recomeçar

Ágape
AMOR INCONDICIONAL

São Paulo 2012

Copyright © 2012 by Pr. Renato Vargens
Copyright © 2012 by Editora Ágape

COORDENAÇÃO EDITORIAL	Silvia Segóvia
DIAGRAMAÇÃO	Oika Serviços Editoriais
CAPA	Adriano de Souza
REVISÃO DE TEXTO	Lucas de Souza Cartaxo

Texto de acordo com as normas do Novo Acordo Ortográfico da Língua Portuguesa (Decreto Legislativo nº 54, de 1995)

Dados Internacionais de Catalogação na Publicação (CIP)
(Câmara Brasileira do Livro, SP, Brasil)

Vargens, Renato
   Começar de novo : um guia prático e objetivo para aqueles que desejam recomeçar / Renato Vargens. – São Paulo : Ágape, 2012.

   1. Consolação 2. Culpa – Aspectos religiosos – Cristianismo 3. Fracasso (Teologia cristã) 4. Graça (Teologia) 5. Sofrimento – Aspectos religiosos I. Título.

11-14241   CDD-248.86

Índices para catálogo sistemático:
1. Mudanças de vida : Acontecimentos : Aspectos religiosos : Cristianismo   248.86

2012
Publicado com autorização. Nenhuma parte desta publicação pode ser reproduzida sem a devida autorização da Editora.

EDITORA ÁGAPE
Al. Araguaia, 2190 – 11º andar – Conj. 1112
CEP 06455-000 – Barueri – SP
Tel: (11) 2321-5080 – Fax: (11) 2321-5099
www.agape.com.br

"Desesperar, jamais
Aprendemos muito nesses anos
Afinal de contas, não tem cabimento
Entregar o jogo no primeiro tempo
Nada de correr da raia
Nada de morrer na praia

Nada, nada

Nada de esquecer
No balanço de perdas e danos
Já tivemos muitos desenganos
Já tivemos muito que chorar
Mas agora, acho que chegou a hora
De fazer valer o dito popular
Desesperar, jamais"

Ivan Lins

Dedicatória

Dedico este livro à minha amada família.

Agradecimentos

Aos queridos Sandro Wagner, Claudia Cauzzi, Aline Braz e Renato Machado pelo carinho e amizade.

Obrigado por tudo!

É um prazer tê-los como amigos!

Sumário

Prefácio 13

Introdução 17

Decepcionado com Deus? 21

Decepcionado com os outros 27

Decepcionado consigo mesmo 33

Vencendo o medo 41

Vai ter peixe no bote 47

Só nos resta confiar 55

Xô, fantasmas! 61

Muita calma nesta hora 67

Cuidado com ele 71

Pense duas vezes antes de comer a maçã ... 77

Estabeleça alianças 91

Conclusão 97

Prefácio

Algum tempo atrás entrei em contato com a história do notável motivador e encorajador Norman Vincent Peale. Seu biógrafo conta que Norman, depois de ter escrito o manuscrito daquele que se tornaria um dos maiores *best sellers* mundiais, o famoso livro *O Poder do Pensamento Positivo*, não conseguiu encontrar ninguém que pudesse publicar o seu livro. Tudo o que ouvia era "não" das editoras.

Finalmente, depois de bater em muitas portas, e em grande frustração, pegou o manuscrito e jogou no lixo. A sua esposa Rute, sabendo o quanto aquilo representava para Norman, instintivamente estendeu a sua mão para retirar do lixo a preciosa obra. Porém, Norman, muito desencorajado, lhe disse: "Você está proibida de tirar do lixo esse manuscrito e é aí que ele deve ficar. Não quero mais saber desse livro, eles não querem publicá-lo, portanto, é o fim, tudo acabado." No dia seguinte Rute tomou o manuscrito de dentro do lixo e foi a mais uma editora. Essa, então, resolveu examinar o material e decidiu publicá-lo. Só na primeira edição, o livro vendeu 40 milhões de exemplares!

Ao ler as páginas do precioso livro que você tem em mãos me veio à mente a história acima, e, desafiado pelo autor, fui mais uma vez convencido de algo que preciso sempre relembrar ao meu coração: a vida está cheia de exemplos de pessoas que foram feridas, rejeitadas, mas por alguma razão deram a volta por cima e acabaram se tornando muito bem-sucedidas.

O livro que você tem em mãos não poderia vir em hora mais oportuna. Quero com alegria e enorme satisfação recomendar a leitura do *Começar de Novo*. Com grande dose de otimismo e criatividade o Pr. Renato Vargens sugere algumas alternativas maravilhosas às muitas desarmonias e indiferenças, as quais sem sombra de dúvida vêm causando uma verdadeira erosão em milhares de corações. *Começar de Novo* é uma leitura indispensável, com um conteúdo precioso, prático e essencialmente relevante para os dias que vivemos, nos quais a insegurança tende a nos desencorajar diante do nebuloso cenário mundial.

Boa leitura!

Nélio da Silva
Coordenador Nacional Homens de
Valor/Pais de Oração
Mocidade Para Cristo - Brasil

Introdução

Não existe uma pessoa sequer neste planeta que sinta prazer no fracasso. Qualquer indivíduo, emocionalmente saudável, quer ser bem-sucedido em tudo que faz. Entretanto, nem só de conquistas vive o homem, até porque a vida nos reserva momentos absolutamente frustrantes, nos quais derrotas se fazem presentes, levando-nos a um estado de decepção e choro.

Começar de Novo

Em meio ao desbarato, é comum observarmos naquele que sofre um profundo desapontamento, cujas características principais são a angústia e incredulidade. Em situações como essas, recomeçar é um exercício de fé pois, agindo desta maneira, o indivíduo se dispõe a vivenciar novamente os mesmos erros e perigos já vividos.

Recomeçar é dar uma nova chance à vida, chance de fazer melhor, corrigir erros, aprender, evoluir, crescer, amadurecer. Recomeçar é reescrever a história da vida tendo Deus como parceiro e orientador de nossos sonhos, alvos e projetos. Recomeçar é agir como as árvores que, ao chegar da primavera, vestem-se de verde, colorindo seus galhos com as mais belas cores, afugentando da sua história as marcas cinzentas da decepção.

Recomeçar é ousar andar por velhos e desconhecidos caminhos, descobrir velhas e novas pessoas, sonhar ao mesmo tempo antigos e novos sonhos. Como bem disse Carlos Drummond de Andrade, "Recomeçar é dar uma nova chance a si mesmo, é renovar as esperanças na vida e o mais importante, acreditar em você de novo".

Caro leitor, através da leitura deste livro você entenderá à luz da Palavra de Deus que mesmo diante de dramas, decepções e frustrações, em Cristo é possível recomeçar. Observará também exemplos de homens de Deus que experimentaram nas situações mais adversas a ressurreição de seus sonhos. Quero portanto incentivá-lo a nutrir em seu coração a certeza de que o mesmo Deus que interveio na vida de milhões de pessoas ao longo da história, transformando caos em bênçãos, é também poderoso para transformar os seus gemidos de agonia em brados de vitória.

Soli Deo Gloria
Niterói, Outono de 2009.

1
Decepcionado com Deus?

> "Não há decepções para aqueles cujos desejos estão sepultados na vontade de Deus."
>
> *Frederick W. Faber*

"Por que Deus permitiu isto? Por que ele me deixou na pista? Sinto-me traído, Deus me abandonou! Estou profundamente magoado com o que aconteceu. Ele não poderia ter se esquecido de mim!"

Não foram poucas as vezes que ouvi frases como essas em meu gabinete pastoral. Inúmeras pessoas em virtude das decepções acumuladas ao longo da vida têm transferido para Deus suas inquietações e angústias, culpando-o diretamente pelas tragédias vividas. Para esses, o Deus cristão é incapaz de ouvir orações ou até mesmo de intervir nos dramas e dilemas humanos.

Ora, vamos combinar uma coisa? É muito mais fácil transferir a culpa dos nossos fracassos para Deus do que assumir as nossas falhas. Na verdade, existem pessoas que preferem culpar ao Senhor pelos erros cometidos do que assumir publicamente sua culpa no cartório. Ao agir desta maneira, tais indivíduos justificam seus erros, transferindo ao Criador a responsabilidade direta pelos seus problemas.

Deus não é o culpado pelas suas frustrações. Em hipótese alguma Ele pode ser responsabilizado pelas suas falhas. Afirmar que Ele não respondeu suas orações por birra ou descaso aponta o quão imaturo você tem sido.

A vida é feita de escolhas, e sem sombra de dúvidas nós colhemos o que plantamos. O fato de o casamento não ter dado certo, ou até mesmo de ter sido demitido do trabalho, não aponta necessariamente que Deus o abandonou a mercê da sorte, pelo contrário: o Senhor jamais nos abandona. Mesmo diante das tragédias, ou até mesmo de escolhas erradas, Ele se faz presente admoestando, corrigindo, confortando e consolando os corações desvalidos, instruindo-os detalhadamente no caminho que devem andar.

Conta-se que em 1929 a Escola Técnica da Geórgia estava jogando uma importante partida de futebol americano contra a Universidade da Califórnia, no Rose Bowl. Durante o jogo, um jogador recuperou uma bola perdida, mas se confundiu e correu na direção errada. Quando seu companheiro de time o segurou para detê-lo, ele se atrapalhou e fez um gol contra.

No intervalo, os jogadores correram para o vestiário e se sentaram, aguardando o que o treinador diria. O jovem que fizera o gol contra, sentou-se isolado dos outros, colocou uma toalha em cima da cabeça e chorou.

No momento em que os jogadores estavam prontos para retornar ao campo, o treinador os surpreendeu ao anunciar que não haveria alteração no time para aquele segundo tempo. Todos os jogadores deixaram o vestiário, menos o que tinha feito o gol contra. Ele não saiu do lugar. Quando o treinador olhou para trás e o chamou novamente, viu o rosto do jovem molhado de lágrimas. O jogador então disse:

"Treinador, eu não posso jogar. Eu prejudiquei o senhor. Desgracei a Universidade da Califórnia. Não tenho coragem de enfrentar os torcedores novamente."

O treinador pousou a mão no ombro do jogador e disse:

"Levante-se e volte ao campo, o jogo ainda não terminou."

O jogador da Universidade da Califórnia sabia que o único o culpado pelo gol sofrido era ele mesmo, e que ninguém poderia responder pelo seu erro. Sua frustração diante do fato era visível. Ele sabia que as consequências daquele gol poderiam ser irreparáveis, daí o seu desespero.

Por acaso você já se deu conta da existência de milhares de cristãos que em algum momento na sua história fizeram pelo menos um gol contra? E você, de que maneira tem jogado o jogo da vida? Será que é do tipo que culpa a Deus pelos erros cometidos, ou é daqueles que reconhece seus erros assumindo suas falhas diante do "treinador"?

Começar de Novo

Querido leitor, o jogo ainda não acabou, a partida ainda não chegou ao fim e o placar pode ser alterado. Levante-se, sacuda a poeira e dê a volta por cima, até porque o Treinador não desistiu de você.

2
Decepcionado com os outros

"Amigo é alguém que se achega quando todo mundo se afasta."

Autor desconhecido

Toda decepção machuca, mas o desapontamento causado por um amigo íntimo, um irmão, ou um amor, machuca muito mais. Na verdade, quanto maior o grau de intimidade com a pessoa com quem nos relacionamos, maior é a dor da decepção.

O grande rei Davi conheceu muito bem esse sentimento. Depois de passar por uma profunda experiência de desilusão, escreveu:

"Estremece-me no peito o coração, terrores de morte me salteiam. Com efeito, não é o inimigo que me afronta; se o fosse, eu o suportaria; nem é o que me odeia quem se exalta contra mim, pois dele eu me esconderia; mas és tu, homem meu igual, meu companheiro e meu íntimo amigo. Juntos andávamos, juntos nos entretínhamos e íamos com a multidão à casa de Deus."

Sl 55:4,12,14

O coração de uma pessoa decepcionada pode atirá-la num estado de depressão e rancor profundo, fazendo-a abrigar feridas difíceis de cicatrizar. Ora, na jornada da vida é natural observarmos uma significativa quantidade de pessoas que, em virtude de uma decepção *relacional-afetiva*, desistiram da caminhada abandonando na esquina da existência seus alvos e sonhos.

O fato de você ter se decepcionado com amigos ou familiares não pode servir de desculpas ao isolamento. Deus não nos criou para vivermos "ensimesmadamente". Lembro que houve um dia em que uma moça, membro de minha igreja, ao chegar à Escola Dominical, recebeu um telefonema de uma pessoa que gritava dizendo que sua tia havia sido sequestrada. A menina ficou completamente desesperada chorando compulsivamente em virtude da notícia recebida. Claro que tudo não passava de um trote, no entanto, até que a verdade viesse à tona, nossa querida irmã vivenciou momentos de intenso desespero.

No culto da noite, depois que tudo se esclareceu, a moça me solicitou permissão para compartilhar com a igreja o episódio da manhã. Ao fazê-lo, trouxe prioritariamente ênfase àqueles que durante a ebulição do suposto problema se colocaram ao seu lado, ajudando-a a agir de forma prática e racional. Seu discurso final foi:

"Como é bom ter amigos!". Seu testemunho enfatizou a importância de se ter companheiros, os quais se fazem presentes em todas as circunstâncias da vida.

Prezado leitor, além de promover o abatimento emocional, o isolamento pode ter consequências terríveis à sua saúde física e mental. Está provado que ter a companhia de amigos reduz drasticamente o risco de depressão, ansiedade e estresse. As pesquisas são claras ao mostrar que as pessoas, sobretudo as mais velhas, se recuperam melhor de lesões, ficam menos doentes e até vivem mais do que as solitárias. Santo Agostinho foi quem disse ser a "amizade tão verdadeira e tão vital que nada mais santo e vantajoso se pode desejar no mundo". Aristóteles define a amizade como essencial a uma boa vida e a distingue em três tipos: a amizade baseada na utilidade, a amizade no prazer e, de forma mais perfeita, a amizade baseada na virtude, que é a amizade entre os sábios.

Sem sombra de dúvidas a existência de amigos verdadeiros nos faz desfrutar de momentos extremamente abençoados. Como bem dizia Vinicius de Moraes, a "gente não faz amigos, reconhece-os". Que tal romper com o isolamento pessoal e escrever ou telefonar para aqueles que te amam e sempre estiveram ao seu lado dizendo-lhes o quão importantes foram na sua vida e história?

O isolamento é um tipo de câncer que vagarosamente destrói nossas estruturas emocionais. Tenho plena convicção de que o melhor caminho para aqueles que querem recomeçar é romper com os laços do insulamento, enfrentando com coragem o desconhecido, abandonando, no canto do eirado, dores, lamúrias e lamentações.

3

Decepcionado consigo mesmo

"Miserável homem que sou..."

Romanos 7.24

Pedro era um sujeito enigmático. Seu comportamento era de uma ambiguidade impressionante. Era capaz de falar as grandezas de Deus, como também de cometer atitudes absolutamente questionáveis. Em Cesareia de Filipe, Jesus perguntou aos seus discípulos: "Mas vós, quem dizeis que eu sou?". Pedro, sem titubeios respondeu: "Tu és o Cristo, o filho do Deus vivo" (Mt 16:15-16). Pouco tempo depois, o mesmo Pedro, que tinha tido a revelação de quem era o Cristo, chamou Jesus à parte, reprovando sua decisão de morrer em Jerusalém (Mt 16:22).

Ora, Pedro era volátil, imprevisível, movido pelas circunstâncias, o que lhe proporcionou situações de profundo embaraço. Entretanto, nada o marcou tanto como o fato de ter negado Jesus. Na noite em que foi traído por Judas Iscariotes, o Senhor Jesus avisou a Simão de que o negaria três vezes antes que o galo cantasse.

"Então Jesus lhes disse: Todos vós esta noite vos escandalizareis de mim; pois está escrito: Ferirei o pastor, e as ovelhas do rebanho se dispersarão. Todavia, depois que eu ressurgir, irei adiante de vós para a Galileia. Mas Pedro, respondendo, disse-lhe: Ainda que todos se escandalizem de ti, eu nunca me escandalizarei.

Disse-lhe Jesus: Em verdade te digo que esta noite, antes que o galo cante, três vezes me negarás."

Mt 26:31-34

Pedro jamais poderia imaginar que fosse trair o seu mestre, tanto que refutou veementemente a afirmação de Jesus dizendo: "Ainda que me seja necessário morrer contigo, de modo algum te negarei" (Mt 26:35). Entretanto, bastou que o Filho do Homem fosse preso para que Simão negasse seu Senhor.

"Ora, Pedro estava sentado fora, no pátio; e aproximou-se dele uma criada, que disse: Tu também estavas com Jesus, o Galileu. Mas ele negou diante de todos, dizendo: Não sei o que dizes. E saindo ele para o vestíbulo, outra criada o viu, e disse aos que ali estavam: Este também estava com Jesus, o nazareno. E ele

negou outra vez, e com juramento: Não conheço tal homem. E daí a pouco, aproximando-se os que ali estavam, disseram a Pedro: Certamente tu também és um deles pois a tua fala te denuncia. Então começou ele a praguejar e a jurar, dizendo: Não conheço esse homem. E imediatamente o galo cantou. E Pedro lembrou-se do que dissera Jesus: Antes que o galo cante, três vezes me negarás. E, saindo dali, chorou amargamente."

Mt 26:69-75

Ter negado a Cristo levou Simão Pedro a um profundo estado de desespero. Ele não podia acreditar que tivesse abandonado seu Senhor em um momento de tanta dificuldade e dor. Na verdade, se observarmos o texto de forma criteriosa, veremos que a negação do apóstolo se deu de forma gradativa. Primeiramente ele negou que conhecia o Cristo (Mt

27:70). Numa segunda oportunidade, ele jurou que não sabia quem Ele era (Mt 27:72), e por fim praguejou. (Mt 27:74). A boca de Pedro estava cheia de insultos e blasfêmias, e não de votos de fidelidade. Ele caiu das alturas da autoconfiança para o pântano da derrota mais humilhante. Sua queda não aconteceu num único lance. Foi de degrau em degrau. Ele poderia ter interrompido essa escalada de fracasso, mas só caiu em si quando estava com a alma coberta de vergonha e com os olhos cheios de lágrimas amargas.

O texto bíblico é enfático em afirmar que, diante de sua traição, Simão Pedro chorou amargamente (Mt 26:75). Ora, o impetuoso discípulo estava decepcionado consigo mesmo. Ele não esperava cometer tal infortúnio, e o fato de ter feito o levou a um estado de frustração pessoal, afinal de contas, ele tinha abandonado o seu redentor.

Caro leitor, você já se deu conta que ao se decepcionarem consigo mesmas, algumas pessoas se transformam em indivíduos amargurados? Ora, a amargura é um sentimento doentio que escraviza a alma, e que lança o desgostoso na masmorra do sofrimento. Infelizmente, foi exatamente isso que aconteceu a Simão.

A Bíblia diz que após ter ressuscitado, Cristo apareceu aos seus discípulos (Jo 20:19-23). Contudo, o fato de saber que o seu Senhor tinha vencido a morte, não fora suficiente para Pedro extirpar do peito a amargura, fruto de um coração decepcionado consigo mesmo.

Em João 21, Jesus volta a aparecer aos seus amigos, desta vez junto ao mar de Tiberíades. Na ocasião, estavam juntos Pedro, Tomé, Natanael, os filhos de Zebedeu e outros dois que a Bíblia não revela o nome. Simão, aborrecido da vida, e achando que o fato de ter negado a

Jesus tinha sepultado sua vocação apostólica, resolveu voltar a pescar (Jo 21:3). Contudo, o que ele menos podia imaginar era que o Senhor apareceria naquele lugar.

> *"Sendo já manhã, Jesus se apresentou na praia, mas os discípulos não conheceram que era Jesus. Disse-lhes, pois, Jesus: Filhos, tendes alguma coisa de comer? Responderam-lhe: Não. E ele lhes disse: Lançai a rede para o lado direito do barco, e achareis. Lançaram-na, pois, e já não a podiam tirar, pela multidão dos peixes. Então aquele discípulo, a quem Jesus amava, disse a Pedro: É o Senhor. E, quando Simão Pedro ouviu que era o Senhor, cingiu-se com a túnica (porque estava nu) e lançou-se ao mar."*
>
> Jo 21:3-7

As Escrituras Sagradas possuem inúmeras passagens que retratam o maravilhoso amor de Deus para conosco. Quem sabe você esteja decepcionado consigo mesmo em virtude das bobagens que cometeu, ou até mesmo angustiado pelos atos irresponsáveis do passado?

A Bíblia é clara em afirmar que Deus não desistiu de Pedro quando este o negou, nem tampouco desistiu de Davi quando adulterou, ou de Adão quando mentiu. O Senhor não desistiu de seu povo quando no deserto murmurou. E com certeza não desistirá de você enquanto Ele não terminar a boa obra que começou.

Como se costuma dizer, contra fatos, não existem argumentos. Que tal então levantar a cabeça? O Senhor é contigo! Há ainda uma linda estrada para ser percorrida!

4
Vencendo o medo

"Não posso suportar a covardia.
Recuso-me a fazer do meu
Deus e Salvador uma ficção."

C. T. Studd

Certa ocasião eu e minha esposa resolvemos ir de carro à bela cidade de Porto Seguro na Bahia. Naquele episódio, alguns amigos nos avisaram que a BR 101 estava um verdadeiro caos, o que de fato constatamos em nossa odisseia. Outros, movidos por boa intenção, nos desestimularam a viagem dizendo-nos que correríamos riscos desnecessários, que tirássemos alguns dias de férias por aqui mesmo que era o mais seguro, etc. e tal.

Bom, mesmo diante das opiniões contrárias, resolvemos botar o pé na estrada. Saímos tranquilamente em direção à calorosa Bahia, e ao chegarmos à terra do descobrimento pudemos desfrutar de momentos riquíssimos de comunhão familiar, isto sem falar na beleza do local que nos fez celebrar com efusão Aquele que tudo criou.

Isto posto, fico a pensar que se tivéssemos permanecido no Rio de Janeiro, deixaríamos de desfrutar de momentos significativos em nossas vidas. Aliás, por acaso você já se deu conta de que, em virtude do medo, deixamos de experimentar instantes preciosos em nossa caminhada existencial?

Infelizmente, inúmeras pessoas não gozam da beleza da vida simplesmente por não possuírem coragem de encarar o desconhecido. Na verdade, algumas dessas pessoas preferem viver enclausuradas em seu "mundinho" alimentando-se de sentimentos mesquinhos em vez de enfrentar novas situações.

E você? Será que é daqueles que têm medo de tudo e de todos? Será que se intimida diante dos obstáculos, ou está disposto a encará-los descobrindo que, apesar das trilhas defeituosas desta vida, o final do percurso é extremamente gratificante?

Aos que desejam recomeçar é indispensável o entendimento de que sem disposição de "pegar a estrada" jamais será possível reconquistar o que se perdeu.

Esta afirmação me faz lembrar a brasileira Maurren Higa Maggi, que fez história ganhando uma medalha de ouro nas Olimpíadas de Pequim.

Em 2003, poucos dias antes do início do Pan-americano de Santo Domingo, Maurren foi suspensa da competição acusada de *dopping*. Na ocasião ela alegou que não sabia a origem da substância clostebol encontrada em seu organismo. Em 2006, a atleta retornou aos treinamentos, conquistando no ano seguinte, no Pan do Rio de Janeiro, a medalha de ouro no salto em distância.

Maggi tinha tudo para desistir do sonho olímpico, contudo, mesmo diante de tantas frustrações e decepções em virtude do *dopping*, manteve-se firme no objetivo proposto.

A história de Maggi me faz lembrar aqueles que corajosamente aceitaram o desafio de recomeçar exorcizando definitivamente seus medos.

Querido leitor, quando os obstáculos surgem e as dificuldades aparecem devemos permanecer firmes confiando exclusivamente no Senhor. Além disso, é indispensável que permaneçamos com os corações cheios de esperança, imbuídos da certeza de que, no tempo apropriado, colheremos os frutos da vitória.

Ao se confrontar com os impedimentos que a vida impõe é imprescindível que você decida permanecer inabalável diante das oposições. Nada na vida é fácil. Lembre-se que não será possível atingir alvos e metas sem que exista por sua parte uma forte resolução de lutar com todas as suas forças, contra todos os adversários que se contrapõem aos seus sonhos.

5
Vai ter peixe no bote

"Obediência a Deus é a prova mais infalível de um amor sincero e supremo por ele".

Nathanael Emmons

"Prefiro obedecer a operar milagres."

Martinho Lutero

Florence Chadwick tornou-se a primeira mulher a cruzar nos dois sentidos o Canal da Mancha. Em 1952, ela decidiu empreitar uma nova e difícil façanha: atravessar a nado os trinta e três quilômetros entre a Ilha de Catalina e Long Beach, na Califórnia. Infelizmente, o dia escolhido não fora o ideal para a realização da missão, isso porque a manhã do dia 04 de Julho ao contrário do que se esperava, caracterizara-se por um denso e frio nevoeiro.

No horário estabelecido, Florence mergulhou n'água, contudo, em virtude da neblina, mal conseguia ver os barcos que a acompanhavam. Diante do intenso frio e do cansaço que a fustigava, Florence lutava com todas as suas forças para não desistir. Ao seu lado, o seu treinador lhe incentivava gritando a continuar nadando, entretanto, mesmo diante do estímulo, a atleta cada vez se sentia mais fraca. Faltando pouco para chegar à praia, a nadadora, sem ouvir as rogativas de sua mãe e de seu treinador, pediu para ser recolhida a bordo.

– Não posso mais! Não aguento mais! – dizia ela.

Minutos depois Florence descobriu que restavam só oitocentos metros para chegar à praia.

Ante a desolação dos que lhe seguiam os esforços de perto incentivando-a, falou:

– "Não estou dando desculpas, mas se eu tivesse conseguido ver a praia, poderia ter chegado até lá."

Florence Chadwick não foi vencida pelo frio, nem pelo cansaço. Foi derrotada por aquilo que não viu.

É impossível ler esta pequena história sem se lembrar de Pedro. Conta a Bíblia que, numa certa noite, Simão, juntamente com os filhos de Zebedeu, saíram ao lago de Genezaré para pescar.

"E aconteceu que, apertando-o a multidão, para ouvir a palavra de Deus, estava ele junto ao lago de Genesaré; e viu estar dois barcos junto à praia do lago; e os pescadores, havendo descido deles, estavam lavando as redes. E,

entrando num dos barcos, que era o de Simão, pediu-lhe que o afastasse um pouco da terra; e, assentando-se, ensinava do barco a multidão. E, quando acabou de falar, disse a Simão: Faze-te ao mar alto, e lançai as vossas redes para pescar. E, respondendo Simão, disse-lhe: Mestre, havendo trabalhado toda a noite, nada apanhamos; mas, sobre a tua palavra, lançarei a rede."

Lc 5:1-5

O texto é claro em afirmar que eles trabalharam a noite toda, sem contudo pegar um peixe sequer. Ao retornarem à terra, os que com Pedro estavam começaram a lavar as redes pondo fim à esperança do pescado. Entretanto, Pedro envolvido pela doce e maravilhosa presença de Jesus, recebeu do Mestre a orientação de que deveria regressar ao lago, lançando novamente as redes.

Por favor, pare e pense. Simão poderia ter desobedecido ao Senhor alegando que não fazia sentido atender suas orientações, pois trabalharam a noite toda para nada. Junte-se a isso o fato de que, naquela noite, eles não viram nenhum cardume, o que tornaria o seu regresso ao lago um ato impensado e irracional. Todavia, Pedro preferiu obedecer a Deus a fiar-se naquilo que viu.

Ter optado pela obediência trouxe a Simão retorno imediato. As Escrituras afirmam que, logo depois de lançar a rede, uma grande quantidade de peixes foi apanhada.

"E, respondendo Simão, disse-lhe: Mestre, havendo trabalhado toda a noite, nada apanhamos; mas, sobre a tua palavra, lançarei a rede. E, fazendo assim, colheram uma grande quantidade de peixes, e rompia-se-lhes a rede."

Lc 5:5-6

Meu caro amigo, Deus tem prazer na obediência, na sujeição dos seus servos à Sua vontade. O fato de Simão ter Lhe obedecido prontamente trouxe sobre ele frutos inigualáveis, a ponto de precisarem de outro barco para ajudá-los a levar o pescado à praia.

"E fizeram sinal aos companheiros que estavam no outro barco, para que os fossem ajudar. E foram, e encheram ambos os barcos, de maneira tal que quase iam a pique."

Lc 5:7

Já Florence Chadwick, por não ter confiado na voz do seu treinador e tendo optado por seguir seus instintos, não conseguiu ser bem-sucedida em sua missão.

E você? De que maneira tem lidado com o desconhecido? Será que como Simão você tem ouvido e obedecido à voz do Senhor, ou tem permitido que a incredulidade domine seu coração? O fato de não enxergar o fim do túnel não deve servir em hipótese alguma para desanimá-lo a continuar caminhando. Muito pelo contrário, não avistar as trilhas e estradas da vida deve levá-lo a um estado de dependência irrestrita Àquele que é capaz de fazer muito além do que pedimos ou pensamos.

6
Só nos resta confiar

"Fé é acreditar naquilo que não vemos, e a recompensa dessa fé é ver aquilo em que acreditamos."

Agostinho

"A fé capacita-nos a nos regozijarmos no Senhor de tal forma que nossas fraquezas tornam-se vitrines de sua graça."

C. H. Spurgeon

Estava o imperador Napoleão I diante de um grupo de soldados, quando, de repente, seu cavalo saiu em disparada. Um dos soldados ali presentes, percebendo a situação difícil em que o seu imperador se encontrava, lançou-se sobre o animal segurando firme as rédeas, conseguindo detê-lo, evitando assim que Napoleão caísse.

O imperador, vendo a coragem e determinação do soldado, cumprimentou-o dizendo: "Muito agradecido, meu capitão!". Espantado com aquelas palavras do rei, visto que era apenas um simples soldado, mas ao mesmo tempo confiando nas palavras do imperador, o rapaz replicou:

– Capitão de que regimento, senhor?

– Da minha guarda pessoal – respondeu Napoleão.

Sem titubeios, o valente soldado depositou sua fé na palavra proferida pelo seu senhor, assumindo pouco tempo depois sua mais nova função no exército imperial.

Por acaso, você já se deu conta de que, ao contrário do soldado de Napoleão, nós temos dificuldades em confiar no Senhor? Por favor, pare e pense quantas vezes o Senhor lhe falou através da sua Palavra coisas boas a seu respeito? O que dizer das exortações de ânimo que O Espírito Santo lhe tem dito? Pois é, se formos sinceros com nós mesmos chegaremos à conclusão que nem sempre confiamos naquilo que Deus diz.

Talvez isso se deva ao fato de que nossa mente tenha sido abalada pelo secularismo, até porque, num mundo onde as doenças vencem os medicamentos, as armas não cessam as guerras e os governos não resolvem as questões mais básicas da vida comum, como depositar a confiança num Deus que nem sequer pode ser visto?

Isto me faz lembrar o episódio em que um Centurião Romano se aproximou de Jesus na entrada de Cafarnaum rogando-lhe que curasse seu servo (MT 8:5-6).

Conta a Bíblia que o centurião impressionou o Senhor por conta de sua fé. Isto porque, ao mencionar que iria à casa do soldado romano curar o seu servo, recebeu por parte deste a informação de que não haveria necessidade, que bastaria apenas enviar uma Palavra que seu servo seria curado.

"E Jesus lhe disse: Eu irei, e lhe darei saúde. E o centurião, respondendo, disse: Senhor, não sou digno de que entres debaixo do meu telhado, mas dize somente uma palavra, e o meu criado há de sarar. Pois também eu sou homem sob autoridade, e tenho soldados às minhas ordens; e digo a este: Vai, e ele vai; e a outro: Vem, e ele vem; e ao meu criado: Faze isto, e ele o faz. E maravilhou-se Jesus, ouvindo isto, e disse aos que o seguiam: Em verdade vos digo que nem mesmo em Israel encontrei tanta fé. Mas eu vos digo que muitos virão do oriente e do ocidente, e assentar-se-ão à mesa com Abraão, e Isaque,

e Jacó, no reino dos céus; E os filhos do reino serão lançados nas trevas exteriores; ali haverá pranto e ranger de dentes. Então disse Jesus ao centurião: Vai, e como creste te seja feito. E naquela mesma hora o seu criado sarou."

Mt 8:7-13

Ora, aquele homem não precisou ver para crer. Na verdade, ele creu, e por isso viu a ação milagrosa de Deus na vida de seu servo. O fato é que, em vez de permitir que o ceticismo tomasse conta do seu coração, preferiu confiar no Senhor.

E você, de que maneira tem lidado com suas expectativas? Será que a incredulidade tem confundido seus passos?

Tenho plena convicção que os que desejam recomeçar não poderão jamais abrir mão da prerrogativa de confiar exclusivamente no Senhor, visto que os que assim se comportarem experimentarão, no decorrer do tempo, os milagres de Deus.

7
Xô, fantasmas!

"Coragem não é ausência de
medo, mas domínio sobre ele."

Autor desconhecido

Depois de haver alimentado uma grande multidão, Jesus ordenou aos seus discípulos que subissem num barco e fossem para o outro lado do lago. Após despedir o povo, o Senhor retirou-se a fim de orar sozinho. Contam as Escrituras que Ele subiu a um monte e lá permaneceu durante boa parte da noite. Entretanto, por volta da quarta vigília, Nosso Senhor, percebendo que um forte vento atrapalhava os discípulos que remavam, retirou-se de onde estava indo ao encontro desses, caminhando sobre as águas.

Ao verem Jesus andando sobre o lago, exclamaram:

– É um fantasma!

Naquele instante, todos que estavam na embarcação gritaram apavorados de medo. Contudo, Pedro, ao ouvir que era o Senhor e movido pela intrepidez que lhe era peculiar, disse:

– Se és tu, Senhor, manda-me ir ter contigo, por sobre as águas.

Ao receber a permissão do Senhor, Simão corajosamente saiu do barco caminhando ao encontro de Jesus. Ora, a coragem de Pedro era de impressionar, porque a situação era absolutamente apavoradora; se não bastasse o forte vento que sacolejava o bote em que estavam, um "aparente fantasma" andava sobre as águas vindo em sua direção.

Vamos combinar uma coisa? Do ponto de vista humano era muito mais "confortável" permanecer no barco do que pular fora, você não concorda? Todavia, Pedro, diferentemente do restante dos discípulos, preferiu exorcizar os seus "fantasmas" a ser exorcizado por eles.

Caro leitor, no processo de reconstrução da vida torna-se indispensável que você se disponha a descer do barco e enfrentar seus medos, traumas e pavores. Além disso, é imprescindível a compreensão de que Cristo prometeu que estaria do seu lado em todos os momentos da caminhada.

Lembro que, há alguns anos, estava com Luiz Filipe, meu filho mais novo, no centro de

Niterói. Num determinado momento, surgiu a necessidade de atravessarmos uma rua movimentadíssima. Sem titubeios, segurei a mão do menino e esperei o momento ideal para atravessá-la. No tempo certo começamos a travessia, quando discretamente percebi que o meu filho serenamente atravessava a rua. Aproveitando o momento e querendo ensiná-lo quanto à necessidade de prestar atenção no trânsito quando se cruza uma via movimentada, lhe falei:

– Luiz, ao atravessar uma rua você precisa olhar para os lados e verificar se vem algum carro!

Com objetividade e clareza, ele me respondeu:

– Porque papai? Estou segurando a sua mão, e quando seguro sua mão eu sei que nada de ruim me acontecerá!

Confesso que naquele momento pensei imediatamente no nosso Pai Eterno. Você já se deu conta que nesta vida inúmeras vezes somos obrigados a atravessar vias turbulentas em que as lutas e as pressões fazem com que nos sintamos amedrontados? Quantas vezes teimamos em não confiar no Senhor, tentando nós mesmos resolver os nossos problemas? Ora, a vida se torna bela e efusiva quando entregamos todos os nossos caminhos, sonhos e projetos nas mãos do nosso Deus. Ele é Aquele que cuida de cada uma das nossas necessidades, sustentando-nos, e tomando-nos em seus braços de amor e misericórdia.

8
Muita calma nesta hora

"A ansiedade nunca fortalece você para o amanhã; ela apenas o enfraquece para o dia de hoje."

J. Blanchard

Em agosto de 1918, um saveiro estava sendo puxado por um rebocador no Rio Niágara quando o cabo se quebrou. As fortes correntezas logo conduziram o barco em direção às cataratas. Quando estava para cair, o barco encalhou em algumas rochas bem acima das quedas. Os dois homens que estavam a bordo foram salvos apenas no dia seguinte. Eles passaram uma noite de terror, pois esperavam a qualquer momento despencar para a morte. Isso aconteceu há quase cem anos e a velha barcaça continua lá, no mesmo lugar, até hoje. Jamais aconteceu a queda prevista. Os dois homens se preocuparam por nada.

A esperada queda do barco, que trouxe ansiedade e desespero àqueles homens, não aconteceu, da mesma forma que a maioria dos problemas que tiram nossa paz e alegria também jamais nos atingirão.

A ansiedade rouba momentos preciosos de nossas vidas. Além disso, ela provoca um acentuado dispêndio de energia, levando-nos a um estado de inquietude e angústia em que muitas vezes o desespero se faz presente. Jesus coloca o discípulo ansioso no mesmo patamar dos pagãos, que vivem correndo de um lado para outro atrás do que comer, beber e vestir (Mt 6:32). O Senhor se sente entristecido com o inquieto comportamento de seus seguidores, isto porque a ansiedade rouba tempo e energia que deveriam ser gastos na difícil construção de Seu reino (Mt 6:33). Na verdade, do ponto de vista bíblico, quanto mais tempo gastamos na tentativa de eliminar a ansiedade, mais difícil será livrar-se dela.

O apóstolo Paulo, escrevendo aos Filipenses, nos adverte que não devemos andar ansiosos por coisa alguma (Fp 4:6-7). O que ele diz é que por intermédio da oração devemos apresentar a Deus tudo aquilo que nos deixa preocupados e ansiosos, e que ao agirmos desta maneira o resultado não demora, ou seja, a paz de Deus que excede a todo entendimento penetra em nossos corações extirpando de nossas almas o veneno da ansiedade.

O apóstolo Pedro, ao tratar do assunto, nos adverte a lançar sobre Deus todas as nossas preocupações, simplesmente pelo fato de que Ele tem cuidado de nós (I Pe 5:7). O interessante é que ambos mostram a inutilidade da ansiedade. Para eles, viver ansiosamente implicava em não experimentar do cuidado e da providência do Senhor.

No Sermão do Monte, Jesus exortou seus discípulos a confiarem na providência divina. O ensino bíblico é que devemos acreditar no suprimento do Senhor quanto às necessidades básicas, tais como alimentos, roupas e saúde.

Querido amigo, o estado de ansiedade pode impulsioná-lo a tomar decisões precipitadas, o que lhe proporcionará sérios problemas na retomada à caminhada. Diante disto, a melhor coisa a ser feita é não se precipitar diante das pressões da vida, nem tampouco permitir que as preocupações do amanhã ocupem em seu coração um espaço indevido. Isto posto, a melhor coisa a ser feita é esperar e descansar no Senhor.

9
Cuidado com ele

"Nosso dever é reconhecer o pecado,
temê-lo e fugir dele tanto quanto possível."

John Boys

"Todas as tristezas da fé reunidas não se igualam
em amargura a uma gota das tristezas do pecado."

C. H. Spurgeon

Conta-se que um homem trabalhava o dia todo em seu moinho. Certa tarde, muito cansado, voltou para a sua barraca. Ali tomou um banho refrescante, preparou sua refeição e depois de alimentado, sem ter com quem conversar, tomou uma xícara de chá fumegante, estendeu cuidadosamente a sua esteira a um canto da barraca e se deitou ao lado do braseiro.

O frio era intenso, porém o homem, depois de bem agasalhado, encolheu-se na esteira e dormiu. Algumas horas se passaram e de repente, ao ouvir um ruído estranho e sentindo que as paredes da barraca oscilavam, despertou ofegantemente. Acendeu o lampião, e com surpresa viu a cabeça de um camelo dentro da barraca. Antes de tomar qualquer atitude a fim de afastá-lo dali, o camelo suplicante lhe falou:

– Lá fora o frio está insuportável... Permita-me esconder tão somente a minha cabeça dentro da sua barraca. Prometo não incomodá-lo e nem proceder inconvenientemente.

O homem pensou por um pouco. Considerou então que o camelo estava certo porque lá fora estava realmente muito frio. Assim deduzindo, permitiu que ele continuasse com a sua cabeça escondida dentro da barraca. Findo o diálogo o homem voltou à sua esteira, na tentativa de dormir. Tão logo se acomodou, a barraca começou a balançar novamente.

Intrigado com o fato, sentou-se na esteira, quando ao abrir os olhos vislumbrou o quadro mais estúpido de sua vida. O atrevido animal já havia metido todo o corpo para dentro da barraca. O espaço de que dispunha era pequeno demais para os dois e, assim, era impossível continuar. Sentindo-se prejudicado, o homem reclamou, exigindo que o camelo se afastasse, até porque eles haviam combinado algo totalmente diferente. A permissão fora dada apenas para a permanência da cabeça e não para o tronco e os membros.

Muito bem instalado e se sentindo à vontade, o camelo retrucou, com ironia:

– Os incomodados que se mudem. Estou muito bem aqui.

O pecado na vida do homem age exatamente como o camelo dessa lenda. Sem que percebamo-lo, sorrateiramente invade os nossos corações reivindicando um lugarzinho qualquer. No entanto, quando se cede a seus apelos, ele vai penetrando vagarosamente, pouco a pouco, até conseguir ocupar toda a área disponível do coração, sem depois aceitar sair.

Como muito bem afirmou Hernandes Dias Lopes, "o pecado é uma fraude. Promete prazer e paga com o desgosto. Faz propaganda de liberdade, mas escraviza. Levanta a bandeira da vida, mas seu salário é a morte. Tem um aroma sedutor, mas ao fim cheira a enxofre. Só os loucos zombam do pecado. O pecado é perverso. Ele é pior do que a pobreza, do que a solidão, do que a doença. Enfim, o pecado é pior do que a própria morte."

No processo de reconstrução ou reestruturação da vida não se pode negligenciar o pecado. O pecado não pode ser tratado como um brinquedo, nem tampouco como um factoide. Ele é feroz, e em questão de minutos pode cavar sua sepultura.

Por acaso você se lembra da história de José? José foi um grande homem de Deus. Todavia, antes de se tornar administrador do Egito, ele teve que enfrentar situações complicadíssimas, dentre essas, ter que fugir da mulher de Potifar que constantemente o assediava.

"A mulher do seu senhor pôs os seus olhos em José, e disse: Deita-te comigo. Porém ele recusou, e disse à mulher do seu senhor: Eis que o meu senhor não sabe do que há em casa comigo, e entregou em minha mão tudo o que tem; Ninguém há maior do que eu nesta casa, e nenhuma coisa me vedou, senão a ti, porquanto tu és sua mulher; como pois faria eu tamanha maldade, e pecaria contra Deus? E aconteceu que, falando

ela cada dia a José, e não lhe dando ele ouvidos, para deitar-se com ela, e estar com ela, sucedeu num certo dia que ele veio à casa para fazer seu serviço; e nenhum dos da casa estava ali; E ela lhe pegou pela sua roupa, dizendo: Deita-te comigo. E ele deixou a sua roupa na mão dela, e fugiu, e saiu para fora."

Gn 39:7-12

É preciso resistir ao pecado, não dá para fazer de conta que ele é inofensivo. Ele endurece o coração, entorpece a consciência e impede a entrada da luz da verdade. Os que desejam recomeçar precisam lidar com ele com extrema seriedade, entendendo que um vacilo pode jogar por água abaixo tudo aquilo que com sacrifício já foi feito.

10

Pense duas vezes antes de comer a maçã

"Nossa impaciência só aprende a paciência mediante o espinho da demora e da escuridão."

J. Charles Stern

"A longanimidade é um dom do silêncio."

William Bagshawe

Minha mãe costuma contar uma história no mínimo engraçada. Ela possuía uma chefe que era de veneta, ora estava bem, ora estava mal. Quando estava de bem com a vida ela era a pessoa mais agradável do mundo, mas quando estava brava, o "bicho pegava". Todos os dias pela manhã, ao chegarem à repartição, os funcionários perguntavam: "E a chefe? Como ela está hoje?

Comeu a maçã?" Se alguém respondesse que sim, ninguém poderia dirigir-lhe a palavra, porque caso contrário, ouviria uma sonora bronca.

Por incrível que pareça, a chefe da minha mãe demonstrava sua irritação comendo maçãs. Desde então, a expressão "comer a maçã" passou a ser utilizada em nossa família por aqueles que por algum motivo foram vítimas de uma explosão qualquer. Aliás, você já reparou que algumas pessoas agem intempestivamente criando casos desnecessários? Isso me faz lembrar um caso relatado pelo meu amigo Wagner de Araújo, pastor da Igreja Batista Boas Novas de Osasco. Ele conta que um colega de ministério estava perdido, procurando o endereço da igreja em que iria pregar, quando resolveu telefonar para a igreja.

– Irmã, por favor, me ajude, porque ainda não consegui localizar a igreja!

— Mas, pastor, o senhor está bem pertinho! Olha, siga duas ruas à frente após o semáforo e desça à esquerda. No quarto cruzamento vire à esquerda e vá para o número 252.

— Ah, meu Deus, direita, esquerda, semáforo, irmã, eu vou me atrasar um pouquinho!

O pastor estava procurando a igreja Batista da Vila Colônia, mas a cidade era grande e aquela era a sua primeira vez naquela região. Levou consigo o guia de ruas, mas, por via das dúvidas, deixou o celular ligado. Tentou orientar-se com a secretária da igreja, que era a esposa do pastor local. Mas ele estava tão aflito que não conseguia nem achar o semáforo.

— Segunda, terceira, ah, droga, cadê esse semáforo? Eu vou chegar atrasado! Meu Deus, me ajude!

– Calma, pastor, o senhor vai conseguir já, já! – disse a secretária, do outro lado da linha.

Subitamente o pastor cruzou a terceira travessa, enquanto falava com a moça. Só que ao fazê-lo, não percebeu que havia um semáforo bem no cruzamento, e que o sinal estava vermelho. Ele passou. Na rua que cruzava, outro veículo vinha devagar, obedecendo ao sinal verde. Ao perceber o descuido do pastor, acabou brecando violentamente e conseguiu evitar uma tragédia. Bem, evitou a batida, mas a tragédia...

Ele se esqueceu de desligar o celular. A irmã o chamava:

– Pastor, pastor, o que aconteceu?

O outro motorista, que fora cortado, sem saber que o pastor estava perdido, começou a gritar:

— Seu imbecil, não viu que o sinal estava vermelho pra você?

— Imbecil é a sua mãe, seu palhaço! Eu cruzo no vermelho quantas vezes quiser e ninguém tem nada com isso! Vai encarar?

— Olha, não me ameace não, porque você não sabe com quem está mexendo...

— Ah, judiação do nenê! Tô morrendo de medo! Vem, vem me pegar, seu sem-vergonha! Vem se você for homem!

A secretária, atônita, pensou:

— Meu Jesus, e agora? Ele vai apanhar na rua! E o meu marido que não chega...

O motorista do outro carro parou e desceu. Pegou um pedaço de pau que tinha dentro do carro, que ele tirou com ares de superioridade. O pastor, por sua vez, sangue quente, enfiou a mão por debaixo do banco e tirou o extintor de incêndios.

"Ele quer briga? Pois vai ter!", pensou.

Ambos estavam na rua. O celular do pastor estava pendurado no cinto. E a secretária já estava rouca de tanto gritar, inutilmente.

– Olha aqui, seu barbeiro – falou o outro motorista. – É melhor ir andando, se você tiver amor pelos seus filhos. Você está errado e vai apanhar aqui e agora. Assim, saia enquanto é tempo!

– Seu cafajeste, pensa que a rua é só sua? Só você sabe guiar? Vem, vem aqui com o papai, que eu te dou um banho de espuma!

A secretária já estava roxa de tanto gritar e agora ficava pálida: eles iam brigar!

Mas, subitamente, o outro motorista disse:

– Quer saber de uma coisa? Você é insignificante demais pra mim. Não vou estragar meu pedaço de pau numa cabeça tão oca quanto a sua. Dá o fora, imbecil!

– Hahahaha, amarelou, né, palhaço? Pois eu é que não vou gastar o meu extintor num cara que não honra as calças. Vá pro inferno e não cruze mais comigo!

– Vá pro inferno você!

Os dois entraram nos seus carros e foram embora cantando pneus, quase batendo novamente.

O pastor, lembrando-se da conferência da noite, cujo tema era MANSOS COMO CRISTO, parou um pouco, tentou lembrar-se do endereço e ligar pra secretária. Sem aperceber-se de que havia linha no aparelho, apertou os botões e disse:

– Alô? Já atendeu, irmã? Que rapidez!

Ela, escandalizada, envergonhada, decepcionada, sem ter o que dizer, falou:

– Desce a segunda à direita e vira à esquerda. Número 252.

E rapidamente o pastor chegou à igreja. Estacionou, escolheu o seu melhor sorriso, disse consigo mesmo que aquelas coisas acontecem e são passageiras, desceu do carro e, em lugar do extintor, tomou a Bíblia e o hinário.

As pessoas, ansiosas por cumprimentarem-no, aproximaram-se. Ele, gentil e cavalheiro, a todos atendeu com carinho. O pastor da igreja, que chegara atrasado, estava ocupado na sala de reuniões e iria entrar no decorrer do culto, para apresentar o pregador.

O culto começou. Orações, leituras responsivas, corinhos da equipe de louvores, números especiais, um culto e tanto! O visitante estava feliz.

Então, antes de passarem a palavra para ele, chamaram o pastor da igreja, para que ele fizesse a apresentação. O pastor da igreja não o conhecia pessoalmente, só por fama de bom pregador.

Foi quando o pastor entrou, pela porta dos fundos, ao lado da esposa, a secretária da igreja. O preletor visitante estava de costas, falando com um corista.

O pastor da igreja olhou para o auditório, olhou para o pastor e ficou mudo. O povo imaginava que ele estivesse escolhendo as palavras para apresentá-lo de forma polida e diplomática. Afinal, ele gostava de honrar os visitantes. Mas o silêncio estava custando a passar, e começava a ser constrangedor. Algumas bagas de suor escorriam pela testa do pastor. O pastor visitante, de repente, sentado onde estava, envermelhou-se e abaixou a cabeça, no maior silêncio também.

Agora a igreja estava preocupada.

Silêncio na igreja. Um olhava para o rosto do outro, sem saber o que fazer. O coral fazia gestos ao regente, que os mandava aguardar. Eram duzentas pessoas suando, sem saber nem porquê. E o pastor, no púlpito, começou a chorar. A igreja pensou que ele tivesse recebido uma notícia ruim. Mas, estranhamente, o pastor visitante também começou a chorar, e de soluçar!

O choro dos dois, cada um no lugar onde estavam, era tão comovente que muitos começaram a chorar também, sem terem a mínima ideia do porquê.

O visitante levantou-se e desceu da plataforma, chorando. Realmente comovente. Estava indo embora pelo corredor lateral, quando o pastor da igreja disse, ao microfone:

– ESPERE!!!

– Pra quê?

– Porque somos crentes!

Então o pastor estacou, ficando de costas. O pastor da igreja começou:

– Irmãos, há cerca de uma hora eu e ele quase saímos no tapa no cruzamento da rua de cima, por causa de uma desavença no trânsito. Ele iria me dar um banho de extintor de incêndios, e eu iria surrá-lo com um pedaço de pau que guardo no carro. Amados, quando é que eu iria imaginar que esse era o homem que eu havia convidado para pregar aqui na igreja hoje?

E o pastor visitante, do corredor, exclamou:

– E como eu iria saber que o senhor era o pastor da igreja que eu estava procurando?

Voltaram a chorar. Agora a igreja chorava de gosto, porque sabia a razão.

Um velho diácono, experiente, sincero, leal e consagrado, tomou a palavra e disse:

– Igreja, que sermão melhor poderíamos ouvir sobre ser MANSO COMO CRISTO? Esses pastores, humanos, pecadores, falhos, mostraram para nós tudo quanto não devemos fazer, e certamente muitos de nós fazemos até pior! Nós só não temos coragem de dizer! Mas, se eles pecaram, Jesus é fiel e justo para perdoá-los e purificá-los! E essa é a maior lição! Pastores, vocês são crentes! Lembrem-se do que diz a Bíblia: *"irai-vos e não pequeis, não se ponha o sol sobre a vossa ira"* (Ef 4:26). Vocês acham que Jesus faria o que vocês fizeram? Ele era manso! Sejam mansos também! E agora façam o favor de se reconciliarem e glorificarem ao Senhor! Vamos, pastores, o que estão esperando?

Envergonhados, pálidos, assustados, os pastores saíram de seus lugares e, nas escadas da plataforma, abraçaram-se, pedindo perdão um para o outro, em lágrimas comoventes, que marcaram a vida daquela igreja. Naquele dia o sermão não foi pregado com palavras, mas proclamado com atitudes. Não pelo pecado que cometeram, mas porque aprenderam que pecar custa muito caro. E Deus usou o velho diácono como nunca havia usado. Seja Deus engrandecido.

Ora, a experiência pastoral me mostra que não são poucas as vezes que na vida polemizamos desnecessariamente com aqueles com os quais nos relacionamos. Quantas vezes não fazemos um "cavalo de batalha" em questões banais e insignificantes? Discutir ou brigar com seus filhos, amigos ou cônjuges, ou com qualquer outra pessoa, não vai levá-lo a lugar nenhum.

Caro leitor, o diabo, nosso adversário, é astuto e perspicaz em ações e atitudes. Cuidado com suas arguciosas ciladas. Ele sabe que, desviando os seus olhares do foco, conseguirá tornar sua vida amarga e sem sabor, além de obviamente lhe proporcionar fissuras em suas relações interpessoais.

11

Estabeleça alianças

"Melhor é serem dois do que um, porque têm melhor paga do seu trabalho. Pois se caírem, um levantará o seu companheiro; mas ai do que estiver só, pois, caindo, não haverá outro que o levante. Também, se dois dormirem juntos, eles se aquentarão; mas um só como se aquentará?
E, se alguém quiser prevalecer contra um, os dois lhe resistirão; e o cordão de três dobras não se quebra tão depressa."

Ec 4:9-12

Homero descreve em seu poema épico *Odisseia* o perigo que Odisseu enfrentou ao navegar no Mar Egeu. Segundo o poeta grego, naquele lugar habitavam algumas sereias, cuja beleza e voz eram estonteantes. Conta a lenda que, todas as vezes que cantavam, os homens que por ali passavam ficavam inebriados pela perfeição de suas vozes, atirando-se nas águas para nunca mais voltarem.

Odisseu, herói da mitologia grega, resolveu conhecer esse canto, sem, contudo, colocar em risco sua vida. Ele era conhecido por sua valentia, prudência e esperteza. Disposto a desvendar o mistério das sereias, pediu aos seus amigos que o amarrassem ao mastro do navio para que pudesse ouvir o canto mortal. E assim foi feito: Odisseu foi manietado, e ao passar pelo lugar onde as sereias cantavam, ainda que quisesse não pôde se libertar das amarras.

O segredo da vitória deste valente guerreiro se deveu ao fato de seus amigos o terem amarrado ao mastro, porque caso isto não tivesse acontecido, fatalmente Odisseu teria sucumbido.

Prezado leitor, por acaso você já se deu conta que existem momentos na vida em que nos sentimos fracos e tentados pelo adversário das nossas almas a desistir dos nossos sonhos? São em ocasiões como estas que necessitamos de amigos ao nosso lado sustentando-nos em oração.

Isso me faz lembrar um episódio ocorrido ao povo de Israel no deserto. Contam as Escrituras que os amalequitas pelejaram contra o povo de Deus.

Em virtude disto, Moisés ordenou a Josué que escolhesse homens valentes e fizesse guerra contra Amaleque. Enquanto isso, Ele subiria ao cume de um outeiro e levantaria suas mãos. A Bíblia diz que todas as vezes que as suas mãos estavam erguidas, Israel prevalecia. Todavia, todas as vezes que suas mãos baixavam, os amalaquitas é que prevaleciam. Arão e Hur, percebendo isso, se colocaram ao lado de Moisés segurando suas mãos, mantendo-as firmes e erguidas. Somente desta maneira Israel pôde vencer a batalha.

"Então veio Amaleque, e pelejou contra Israel em Refidim. Por isso disse Moisés a Josué: Escolhe-nos homens, e sai, peleja contra Amaleque; amanhã eu estarei sobre o cume do outeiro, e a vara de Deus estará na minha mão. E fez Josué como Moisés lhe dissera, pelejando contra Amaleque; mas Moisés, Arão, e Hur subiram ao cume do outeiro. E acontecia que, quando Moisés levantava a sua mão, Israel prevalecia; mas quando ele abaixava a sua mão, Amaleque prevalecia. Porém as mãos de Moisés eram pesadas, por isso tomaram uma pedra, e a puseram debaixo dele, para assentar-se sobre ela; e Arão e Hur sustentaram as suas mãos, um de um lado e o outro do outro; assim ficaram as suas mãos firmes até que o sol se pôs. E assim Josué desfez a Amaleque e a seu povo, ao fio da espada.

Ex 17:8-13

Aquele que deseja reconstruir sua vida necessita entender que para ser bem-sucedido é indispensável estabelecer alianças com parceiros fiéis. Por agir desta maneira, Moisés e seus amigos experimentaram a ação poderosa de Deus em suas vidas.

Conta-se que três homens ficaram presos numa caverna devido a uma avalanche de neve. Teriam que esperar até o amanhecer para receberem socorro. Cada um deles trazia um pouco de lenha, e havia uma pequena fogueira ao redor da qual se aqueciam. Se o fogo apagasse, eles sabiam que todos morreriam de frio antes que o dia amanhecesse. Entretanto, achando que poderia sobreviver sozinho, sem a ajuda dos outros, um dos homens se retirou colocando-se num lugar a parte. Ali ele fez a sua própria fogueira, onde calmamente se aquecia.

No dia seguinte, quando o socorro chegou, o que tinha optado por ficar sozinho tinha morrido congelado.

Diante do fato, o chefe da equipe de resgate comentou:

– O frio que o matou não foi o frio da neve, mas o frio do seu coração"

Prezado amigo, será que você é daqueles que acredita que não precisa de ajuda e que por si só é possível retomar a caminhada? Cuidado! Agindo dessa maneira será impossível começar de novo.

Conclusão

"Porque há esperança para a árvore que,
se for cortada, ainda se renovará,
e não cessarão os seus renovos.
Se envelhecer na terra a sua raiz, e o seu tronco
morrer no pó, ao cheiro das águas brotará, e dará
ramos como uma planta."

Jó 14:7-9

Como dizia Carlos Drummond de Andrade, "quem teve a ideia de cortar o tempo em fatias, a que se deu o nome de ano, foi um indivíduo genial". Isto porque, segundo o poeta, "doze meses dão para qualquer ser humano se cansar e entregar os pontos. Aí entra o milagre da renovação e tudo começa outra vez com outro número e outra vontade de acreditar que daqui para adiante vai ser diferente".

Caro leitor, minha oração é para que a leitura deste livro possa ter servido como um divisor de águas em sua vida, e que o fato de ter lido o conteúdo deste material possa ter contribuído para a construção de uma nova etapa de sua caminhada.

Mais do que nunca é tempo de levantar a cabeça, esquecer do passado e caminhar novamente.

Lembre-se que em Deus sempre é possível recomeçar e que em Cristo podemos experimentar a alegria de uma nova manhã.

"Ora, àquele que é poderoso para fazer tudo muito mais abundantemente além daquilo que

pedimos ou pensamos, segundo o poder que em nós opera, a esse a glória na igreja, por Jesus Cristo, em todas as gerações, para todo o sempre. Amém."

Ef 3:20-21

Não deixe de ler o próximo livro da COLEÇÃO FAMÍLIA:

Sim, É Possível!

Seja o agente transformador de sua família!

1

Um Mundo Desprovido de Relacionamentos Profundos

"O egoísmo social é o começo do sepulcro."
Victor Hugo

"O mundo está cheio de pessoas sem raízes"
Alan Walker

Uma das principais características deste mundo pós-moderno é a ausência de relacionamentos profundos. Talvez isso se deva à exagerada ênfase dada por toda sociedade ao individualismo.

De maneira simples, podemos definir o individualismo como a teoria que faz prevalecer o direito individual sobre o coletivo. Esta doutrina põe sua ênfase sobre as ações e vontades do indivíduo em detrimento do grupo. Do ponto de vista filosófico, o individualismo salienta a pessoa, valoriza o indivíduo e o aponta como a realidade mais essencial de todas as coisas; é aquilo que, sobretudo, deve ser valorizado, mostrando que o indivíduo é o valor mais elevado.

O comportamento em questão corrobora em muito com o isolamento, levando cada pessoa à opção de passar pela vida sem construir relacionamentos profundos.

Ora, a ausência de relações mais intensas se deve ao fato de que aqueles que optaram pelo isolamento escolheram também desenvolver em suas esferas relacionais conversas frias, distantes e impessoais.

Há pouco tempo li uma pequena história que dizem ter acontecido ao grande Jurista Ruy Barbosa, que reproduzo detalhadamente abaixo:

"Diz a lenda que o famoso político, ao chegar em casa, ouviu um barulho estranho vindo do seu quintal. Chegando lá, constatou haver um ladrão tentando levar seus patos de criação. Aproximou-se vagarosamente do indivíduo e, surpreendendo-o ao tentar pular o muro com seus amados patos, disse-lhe:

– Oh, bucéfalo anácrono! Não o interpelo pelo valor intrínseco dos bípedes palmípedes, mas sim pelo ato vil e sorrateiro de profanares o recôndito da minha habitação, levando meus ovíparos à sorrelfa e à socapa. Se fazes isso por necessidade, transijo; mas se é para zombares da minha elevada prosopopeia de cidadão digno e honrado, dar-te-ei com minha bengala fosfórica bem no alto da tua sinagoga, e o farei com tal ímpeto que te reduzirei à quinquagésima potência que o vulgo denomina nada.

E o ladrão, confuso, respondeu:

– Dotô, eu levo ou deixo os pato?"

A história acima, além de extremamente engraçada, nos traz a impressão de que "quem não se comunica se trumbica." Ora, vivemos na era da comunicação. Nunca foi tão fácil falar com as pessoas como neste início de século XXI, no entanto, nunca também foi tão complicado desenvolver relacionamentos densos e profundos como nos dias de hoje.

Para que você tenha ideia, o Brasil terminou o mês de agosto de 2006 com 94,9 milhões de celulares, o que representa uma densidade de

50,8 linhas por grupo de 100 habitantes. Quanto se trata da grande rede, o Brasil é o décimo no mundo em número de usuários de internet. O país encerrou o ano de 2004 com uma base de mais de 22 milhões de internautas, número cerca de quatro vezes e meio maior do que era no ano 2000.

O que me chama a atenção é que com toda tecnologia a nossa disposição, não conseguimos travar relações inteligíveis com aqueles que nos cercam. Conheço casos de famílias inteiras que vivem na mesma casa e que só conseguem se comunicar uns com os outros através da internet. Para estes, o relacionamento familiar se dá mediante mensagens de texto, *scraps* e *e-mails*.

Em 2000, tive a oportunidade de visitar uma tribo indígena no Estado de Rondônia. Ao chegar ao povoado, fomos recebidos pelo cacique. Lembro que na ocasião os líderes dos Karitianos nos convidaram a participar de um bate-bapo à beira da fogueira. Sem sombra de dúvidas receber um convite como aquele era uma honra, o que prontamente foi aceito. Ao chegarmos ao local da reunião, percebi que todos os membros da tribo estavam presentes. Dos mais velhos aos mais novos, ninguém tinha faltado. Naquela noite estrelada o pajé nos explicou que durante séculos seus antepassados se reuniam à beira da fogueira com intuito de contar e ouvir histórias.

Caro leitor, talvez você seja da época em que nas noites quentes de verão, famílias inteiras costumavam colocar suas cadeiras à porta de casa, onde juntos passavam horas a fio conversando sobre os mais variados temas. Em tais acontecimentos, relatos e "causos" ocorridos no passado eram contados pelos mais velhos aos mais novos, os quais de forma mágica e operante costuravam relacionamentos intensos e profícuos entre as diferentes gerações.

Infelizmente a cidade cresceu, a violência se multiplicou e o medo invadiu nossas vidas e famílias, mudando os nossos hábitos. Neste mundo de correria já não existe o movimento nas esquinas de crianças brincando de pique-esconde, nem tampouco o vai-e-vem sossegado e despreocupado de pedestres que calmamente andam pelas ruas do bairro que moram, dedicando precioso tempo aos amigos em comum.

As transformações nos comportamentos sociais, além de afetarem as relações afetivas e familiares, trouxeram por consequência direta a superficialidade dos relacionamentos. Infelizmente as pessoas se tornaram, forçosamente, ilustres desconhecidas, já que as relações sociais são restringidas ao mínimo necessário para a sobrevivência. Além disso, quanto menos envolvimento emocional ou afetivo com o outro, melhor, para não haver compromissos, carências e rupturas.

A sociedade do século XXI tem se caracterizado por supervalorizar o individualismo. O resultado disto é uma sociedade extremamente voltada para o prazer, onde o que importa é satisfação pessoal. E o resto? Há! O resto, que se dane.

INFORMAÇÕES SOBRE NOSSAS PUBLICAÇÕES E ÚLTIMOS LANÇAMENTOS

Cadastre-se no site:

www.editoraagape.com.br

e receba mensalmente nosso boletim eletrônico.

Ágape
AMOR INCONDICIONAL

Impresso nas oficinas da
SERMOGRAF - ARTES GRÁFICAS E EDITORA LTDA.
Rua São Sebastião, 199 - Petrópolis - RJ
Tel.: (24)2237-3769